AF611021

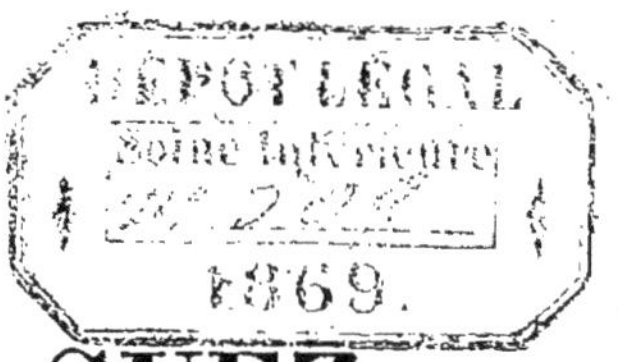

LE CANAL DE SUEZ

APRÈS L'INAUGURATION

PAR

FRÉDÉRIC DE CONINCK

Le chemin le plus court n'est
pas toujours le meilleur.

PRIX UN FRANC

HAVRE
ALPH. LEMALE, Imprimeur
Quai d'Orléans, 9

PARIS
E. DENTU, Libraire
Palais-Royal

OCTOBRE 1869

AVANT-PROPOS

Lorsque, en 1858, M. de Lesseps occupait tous les journaux de l'Europe de ses prospectus, annonçant à ceux qui souscrivaient des actions dans la Compagnie Maritime du Canal de Suez qu'ils auraient 20 % de leur argent, j'ai publié une brochure sous le titre de « *Lettres sur le Percement de l'Isthme de* » *Suez ; avis aux petites bourses.* » J'y disais :

« Je sais autant que tout autre m'enthousiasmer » à l'idée de voir accomplir une des plus grandes » entreprises de ce siècle, et je sais aussi rendre » hommage au génie, à l'énergie et à l'admirable » persévérance de son digne fondateur. S'il en avait » fait une simple affaire d'utilité publique, j'y » aurais apporté mon obole avec bonheur ; mais

» dès qu'il s'agit de séduire des souscripteurs en » les berçant de l'espoir de *gros revenus*, je me » crois pleinement autorisé à prémunir les petites » bourses contre un entraînement qui pourrait » leur être fatal. »

» M. de Lesseps n'a assurément voulu tromper » personne ; mais je crois qu'il s'est trompé.

» Je me propose d'examiner s'il y a une base » solide sur laquelle les Actionnaires puissent établir » la certitude de ne pas voir excéder la dépense de » *deux cents millions*, et qu'elle serait pour eux » l'inévitable conséquence d'une erreur. J'examine- » rai ensuite si l'on est bien fondé à annoncer » dans les journaux que le revenu approximatif de » l'entreprise est évalué à Quarante Millions de » Francs. »

....

....

« Les calculs de M. de Lesseps peuvent être » justes, ils peuvent aussi être *très erronés* ; et on » peut admettre sinon la probabilité, au moins la » possibilité qu'il faudra 250 à 300 Millions, ou » bien davantage peut-être, pour rendre le Canal » de Suez navigable. Or, si les prévisions se trou- » vaient excédées, ainsi qu'elles l'ont été dans toutes » les entreprises de ce genre, que deviendrait la » Société qui se forme au capital de deux cents mil- » lions ? N'est-il pas évident qu'elle serait absorbée

» par une nouvelle Société qui viendrait fournir le
» complément de fonds, comme cela a eu lieu pour
» le tunnel sous la Tamise, et bien plus récemment
» pour le *Great-Eastern ?* Les premiers Actionnaires
» pourraient donc perdre tout ou presque tout, et
» une éventualité de ce genre semble devoir éloigner
» de la souscription d'Actions pour le Canal de Suez
» tous ceux pour lesquels une semblable perte serait
» sérieuse. C'est essentiellement une entreprise
» dont les chances ne peuvent être acceptées que
» par *les grosses bourses*, dont les propriétaires
» peuvent, le cas échéant, voir d'un œil sec l'anéan-
» tissement de leurs Actions, et se contenter de la
» gloire d'avoir contribué à une grande et noble
» entreprise. (*) »

....

....

» Le percement de l'Isthme de Suez aura, sans
» aucun doute, son utilité politique encore plus que
» commerciale, et cette belle œuvre a toutes mes
» sympathies, en dehors du DOIT et AVOIR, ne
» fût-ce que parce qu'elle enseignera au gouverne-
» ment anglais qu'il peut aujourd'hui s'accomplir
» de grandes choses dans le monde sans lui, et au
» besoin malgré lui ; mais la leçon ne doit pas être
» payée par de *petites bourses* attirées par l'appât

(*) Les Actionnaires ont été bien plus maltraités par la création des 100 Millions d'Obligations privilégiées et à conditions usuraires, qu'ils ne l'eussent été par une seconde émission d'Actions.

» de 20 % de revenu, et par la confiance qu'inspire
» l'honorabilité du caractère de M. de Lesseps. »

A cette brochure, dont le ton et le but peuvent être appréciés par ces citations, il fut répondu, dans le journal *l'Isthme de Suez*, qui, à cette époque se rédigeait dans les bureaux de M. de Lesseps :

« *Le petit libelle de M. de Coninck excelle par*
» *trois qualités également glorieuses : la déraison,*
» *l'ignorance et la mauvaise foi.* »

J'interjette aujourd'hui appel de ce jugement si sévère devant le grand tribunal de l'opinion publique ; il dira s'il était ou non mérité.

FRÉDÉRIC DE CONINCK.

Havre, le Octobre 1869.

LE CANAL DE SUEZ

APRÈS L'INAUGURATION

Octobre 1869.

Dans peu de jours une des merveilles du siècle sera accomplie : de grands navires traverseront l'Isthme de Suez, flottant sur les eaux de la Méditerranée réunies à celles de la mer Rouge, dans un canal qui devrait prendre le nom de « *Canal de Lesseps* » comme on dit le *Détroit de Magellan*, la *Terre de Vancouver*, etc., afin de rappeler aux générations futures ce que l'énergie de caractère, la persévérance et le talent de parole d'un homme peuvent vaincre de difficultés, réunir de capitaux et accomplir de grandes choses.

Que l'on place à Ismaïla la statue de l'auteur du Canal, et les navires de guerre et de commerce qui trouveront intérêt à le traverser, se feront un devoir de la saluer de leur pavillon, car rarement honneur aura été mieux mérité ; mais, pour rendre à chacun la justice qui lui est due, il faudrait mettre à droite et à gauche de cette statue au moins les bustes de MM. Borel (*) et Lavalley ; car si M. de Lesseps est la tête de l'entreprise, ces habiles Entrepreneurs en ont été les bras ; et sans les merveilleux engins dus à leur génie, il est permis de se demander si jamais le Canal se serait terminé.

Mais si, *esthétiquement parlant*, le percement de l'Isthme de Suez est une œuvre admirable, peut-on la

(*) M. Borel vient de mourir laissant un grand nom et une grande fortune honorablement acquis dans le creusement du Canal de Suez.

considérer comme devant sensiblement ajouter au bien-être des masses, et les immenses capitaux qui s'y trouvent engagés, sous les titres divers d'*Actions*, d'*Obligations* et de *Délégations*, ont-ils chance d'y trouver les avantages qui leur avaient été promis, et que toute entreprise industrielle, bien conçue, doit produire ?

Telles sont les questions qui ne recevront leur solution que lorsque l'étourdissement des splendides fêtes d'inauguration aura cessé et que l'exploitation du Canal aura commencé.

Cet écrit n'a d'autre objet que de chercher à anticiper sur ce que pourront être les résultats financiers du Canal de Suez, et tout en rendant à M. de Lesseps l'entière justice qui lui est due, l'auteur en dira encore sa façon de penser avec une entière indépendance. Il sait qu'il heurtera un sentiment public très favorable à l'avenir du Canal ; mais il est de ceux qui pensent que *du choc des opinions jaillit la lumière*, et que la vérité a tout à gagner à être loyalement discutée.

Dans les débuts de son entreprise, M. de Lesseps a eu à lutter contre de sérieuses difficultés diplomatiques. Il les a bruyamment attribuées à la jalousie supposée de l'Angleterre, et il s'en est fait un puissant levier ; tandis que l'on peut se demander si ce n'est pas plutôt sa propre imprudence qui les lui a suscitées.

Chacun peut en juger.

On sait que l'Isthme de Suez fait partie de l'Egypte, qui est gouvernée par un Pacha, vassal ou *khédive* du Sultan.

Lorsque, le 19 Mai 1855, ce Khédive fit la concession du Canal à creuser *à une Compagnie Egyptienne*, à former par M. de Lesseps, il fut dit dans l'acte :

« *Quant aux travaux relatifs au creusement du Canal de Suez, ils ne seront commencés qu'après l'autorisation de la Sublime-Porte.* »

Sans égard pour cette stipulation si explicite, et agissant comme si l'Isthme de Suez était pays conquis par la France, M. de Lesseps, au lieu d'attendre l'autorisation à venir de Constantinople, fut, le 25 Avril 1859, donner à grand bruit, son *premier coup de pioche*, et il annonça *dans tous les journaux de l'Europe* que dans peu de temps les navires de tous pavillons se rendraient d'Europe en Asie en passant par le Canal de Suez.

Avait-il alors l'autorisation de la Sublime-Porte? — Nullement.

Justement blessé de cette manière d'agir d'un étranger chez lui, le Sultan fit des observations au Vice-Roi d'Egypte, lequel fit adresser, le 9 Juin 1859, la lettre ci-après à M. de Lesseps par *Chériff-Pacha*, son ministre des affaires étrangéres :

« S. A. le Vice-Roi d'Egypte, en accordant la concession du Canal de l'Isthme de Suez, a établi les clauses selon lesquelles devait être réalisée cette grande entreprise. Les firmans relatifs à cet objet expriment formellement la réserve de la ratification de S. M. le Sultan, et la condition que les travaux de percement ne seront exécutés qu'après l'autorisation de la Sublime-Porte.

» Son Altesse a pris soin de manifester ses dispositions sympathiques et bienveillantes pour une œuvre d'un intérêt aussi éminemment universel, mais elle est toutefois décidée à ne pas souffrir que, sous aucun prétexte, il soit procédé à des opérations qui ne devront être faites qu'après que l'approbation à laquelle elles sont soumises aura été obtenue, etc., etc. »

M. de Lesseps ne se laissa aucunement arrêter par cette lettre. Il protesta, fit intervenir le Consul de France, et continua le creusement, tout comme si l'autorisation de la Sublime-Porte lui avait été donnée, ou *comme s'il entendait s'en passer* (*).

N'est-il pas bien admissible qu'en face d'une telle *hardiesse*, le Gouvernement Anglais a pu se demander si derrière *la Compagnie Egyptienne* ne se trouvait pas le gouvernement personnel de la France, soufflant à M. de Lesseps : *Allez de l'avant, à côté de votre pioche se tiendra ma grande épée ;* et serait-il dès lors déraisonnable de penser que hanté par l'esprit de Bonaparte aux Pyramides, lord Palmerston, en proie à un cauchemar, ait pu souffler à la Porte-Ottomane : *Maintenez vos droits, car après vous avoir enlevé l'Egypte, on cherchera à me prendre l'Inde ?*

Le Gouvernement anglais était évidemment très intéressé à voir percer l'Isthme de Suez, afin de pouvoir envoyer par cette voie ses flottes dans l'Inde pour y défendre ses vastes possessions, au lieu d'avoir à les faire passer par le Cap de Bonne-Espérance ; et s'il avait pu profiter du Canal lors de sa récente guerre d'Abyssinie, il aurait économisé bien des millions. Mais il avait, il est vrai, un intérêt *bien plus grand encore* à ce que l'Egypte ne devînt pas *une Algérie*, et la manière de

---

(*) L'autorisation du Sultan n'a été donnée que par un Firman du 19 Mars 1864 ; ainsi, pendant plus de six ans, M. de Lesseps a bravé son autorité légitime en Egypte, au risque des plus graves complications politiques pour la France ; car on a pu lire dans le Rapport de l'honorable M. Larrabure au Corps Législatif : « De quelque manière qu'on envisage aujourd'hui » cette affaire, sa bonne fin devient pour nous un intérêt national. »

faire de M. de Lesseps vis-à-vis du Sultan était assurément bien faite pour lui inspirer de légitimes inquiétudes.

Les notions les plus élémentaires de géographie suffisent pour se convaincre que *le commerce anglais* ne pouvait que souhaiter le creusement d'un Canal utile pour sa navigation à vapeur, et qu'on offrait de créer en le laissant libre de souscrire ou de ne pas souscrire des actions (*).

Dans ces conditions il est bien évident que les négociants anglais, si bons calculateurs, ne pouvaient que se montrer très sympathiques au projet chevaleresque de M. de Lesseps; aussi vit-on les Chambres de Commerce de Liverpool, de Glasgow, etc., lui écrire à l'envi, *non pour lui demander des actions,* mais pour lui adresser de chaleureuses félicitations. Ces lettres rappelaient beaucoup la fable dans laquelle on lit :

Frère il faut aujourd'hui
Que tu fasses un coup de maître :
Tire-moi ces marrons. Si Dieu m'avait fait naître
Propre à tirer marrons du feu,
Certes, marrons verraient beau jeu!

Suivant sa prudence et sa prévoyance habituelles, le Gouvernement anglais a pris ses précautions contre toutes éventualités fâcheuses pouvant résulter de la

---

(*) La France a payé pour le Canal :

En actions	F.	110,000,000
En obligations	»	100,000,000
En délégations	»	30,000,000
Total	F.	240,000,000

Tandis que l'Angleterre ne s'y est intéressée que pour F. 2,042,500, et la Hollande pour F. 1,307,000. Les Anglais et les Hollandais savaient cependant aussi bien que les Français quels avantages le Canal pouvait offrir.

possession du Canal de Suez par une puissante Compagnie, *Egyptienne de droit*, mais *Française de fait*. Au moyen de l'île de Périm, il peut *fermer le Canal* si jamais on voulait en exclure ses nationaux.

Passant des considérations diplomatiques à la manière dont le Canal a été exécuté, on est extrêmement surpris de trouver qu'il n'a que 22 mètres *de plafond*, c'est-à-dire de largeur *de fond*, au lieu de 44 mètres qu'il devait avoir ; car l'acte de concession porte que les dimensions à lui donner devaient être fixées par une commission internationale composée d'ingénieurs des principaux pays d'Europe. Or, cette commission a, par des considérations motivées, fixé ces dimensions à 8 mètres de profondeur *et quarante-quatre mètres de largeur de plafond*, c'est-à-dire que la profondeur de 8 mètres devait régner *sur une largeur de 44 mètres* tandis qu'elle n'existe que sur une largeur de VINGT-DEUX MÈTRES, ce qui oblige à avoir recours aux gares d'évitement (*), pour que deux grands navires puissent se croiser sans se heurter ou s'échouer sur les berges.

Quand la commission internationale a-t-elle autorisé M. de Lesseps à modifier *à ce point* ses décisions, et dans quelle Assemblée générale les Actionnaires ont-ils sanctionné ce changement si grave porté au programme ?

Il serait bon de le savoir, car jamais encore Compagnie de Chemin de Fer, engagée à fournir un chemin à deux voies, n'a été considérée comme *libérée de ses ngagements* en le livrant *à une voie*, et M. de Lesseps ne fait pas autre chose.

(*) Ces gares d'évitement étaient recommandées par la commission internationale, *même avec 44 mètres de plafond*.

La question est des plus graves ; car, si ce Canal de 22 mètres de plafond seulement, est réputé *remplacer définitivement celui de 44 mètres*, le semestre d'intérêts à toucher au 1er Janvier prochain par les Actionnaires *sera le dernier*, tandis que si les travaux doivent être continués pour l'élargissement voulu du Canal, les intérêts à 5 % continueront à leur être dus jusqu'au moment où cet élargissement sera terminé.

M. de Lesseps a tranché la question *contre les Actionnaires* en disant à l'Assemblée générale du 2 Août dernier : *Conformément à l'article 59 de vos Statuts, les Actionnaires recevront, le 1er Janvier 1870, le semestre de leurs actions, prélevé sur le capital d'exécution, les semestres suivants devront être le produit des bénéfices de l'exploitation.* Mais l'article 59 des Statuts, invoqué ici, dit au contraire que les Actionnaires recevront 5 % d'intérêts *pendant la durée des travaux;* et on ne saurait comprendre comment les travaux peuvent être considérés *comme terminés* tant que le Canal n'aura qu'une largeur de fond de 22 mètres, alors qu'il doit avoir 44 mètres.

Si 22 mètres suffisaient pour assurer un bon service, que faudrait-il penser de la science des éminents ingénieurs qui ont composé la commission internationale chargée de déterminer les dimensions du Canal, et qui se seraient trompés *du simple au double* ?

M. de Lesseps pourrait objecter que, quel que soit *le droit* des actionnaires à recevoir 5 % d'intérêts tant que le Canal n'aura pas 44 mètres de large, il ne pourrait les satisfaire, *faute de fonds ;* mais on lui répondrait que, puisqu'il a bien trouvé à placer, *avec une extrême facilité*, pour 30 millions de *délégations* *hypothéquées sur les bénéfices des 176,602 actions du Khédive d'Egypte*, il trouverait sans doute tout aussi facilement à emprunter 37 millions sur les bénéfices à revenir aux 223,398 autres actions de la Compagnie (*), ce qui permettrait de leur servir des intérêts de 5 % pendant encore quelques années et maintiendrait pendant ce temps le cours des actions, qui très évidemment tomberaient au niveau de celles de *Sarragosse*, si, comme pour ces dernières, il ne leur était servi ni intérêts ni bénéfices.

Les actionnaires ont, *dans l'état des choses*, le droit incontestable de choisir entre des intérêts certains et des bénéfices éventuels, et ils seraient bien mal inspirés, ce semble, s'ils ne préféraient pas les premiers. Car, en admettant que le Canal puisse *un jour* donner des bénéfices aux actionnaires, ce ne saurait être dès les débuts de l'exploitation; et peut-être bien faudra-t-il attendre pour cela que les *obligations*, dont le service absorbe environ 11,000,000 fr. pour intérêts, remboursements trimestriels et lots de loterie, soient remboursées, ce qui pourrait reporter à l'année 1918 les bénéfices à toucher par les actionnaires, et pour ceux qui ne sont pas *très jeunes* ce serait un peu long.

Lorsque en 1868 le Corps Législatif eut la faiblesse d'autoriser la Compagnie égyptienne du Canal de Suez à violer la loi qui défend les loteries en France, l'honorable rapporteur, M. Larrabure (aujourd'hui sénateur), a dit, sur renseignements fournis par M. de Lesseps :

« *C'est largement supputer les charges annuelles de la*

(*) Actions Fr. Actions Fr.
176,000 : 30,000,000 :: 223,000 : 37,000,000.

» *Compagnie du Canal de Suez, pour administration,* » *contribution, entretien, etc., que de les porter à* » *10 millions de francs.* »

Ajoutant à ces 10 millions les 11 millions nécessaires pour le service des obligations, on a un chiffre de recettes annuelles de 21 millions à trouver, *avant de pouvoir donner ni intérêts ni bénéfices quelconques aux actions.*

Vingt-un millions de recettes exigent, à dix francs par tonneau, un passage annuel de 2,100,000 tonneaux par le Canal, ce qui, divisé par les 365 jours dont se compose l'année, suppose un passage de près de 6,000 tonneaux *tous les jours, du 1er Janvier au 31 Décembre.*

Pour donner 5 % aux actionnaires sur le capital de la Société de 200,000,000, il faudrait 10 millions de plus, soit 31 millions de recettes, exigeant un passage de 3,100,000 tonneaux de navires, soit 8,500 tonneaux *par jour*, chiffres d'autant moins admissibles qu'il est aujourd'hui généralement supposé que les navires *à voiles* se risqueront rarement à remonter la mer Rouge, en raison des difficultés et des dangers que présente cette navigation et des augmentations considérables de primes d'assurances qui en sont la conséquence.

C'est le *Journal de l'Isthme de Suez* qui le dit dans son numéro du 1er Juin 1869, en publiant l'opinion de M. J. Clerc sur le Canal de Suez. On y lit, en effet, que si les navires à voiles tentaient d'aller par le Canal de Suez, ils auraient à payer, sur corps et cargaison, une prime d'assurance au moins double de celle exigée pour aller de Bombay en Angleterre par le cap de Bonne-

Espérance, soit 4 % au lieu de 2 % (*). En ajoutant à cette *surprime* les 10 à 11 fr. par tonneau à payer à la Compagnie de Suez pour passer par son Canal et y ancrer, tout l'avantage de l'abréviation de route disparaîtrait, en admettant qu'il y en eût une, ce qui serait rarement le cas, ainsi que l'on peut s'en convaincre en se reportant aux calculs de la page 23 de l'appendice de cet écrit, calculs qui ne sauraient être contredits par aucun marin expérimenté.

Le Canal de Suez ne servira guère *qu'aux navires à vapeur*, et même pour ceux-là l'avantage ne sera pas aussi considérable qu'on pourrait le supposer, ainsi que l'a démontré une commission hollandaise composée des hommes les plus compétents et dont le rapport se trouve également, page 23; mais, alors même que toute la navigation à vapeur à établir entre l'Europe et l'Asie passerait par le Canal de Suez, elle ne saurait, de longtemps, fournir les 2,100,000 tonneaux nécessaires pour payer les frais d'exploitation et assurer le service des *obligations*, bien moins fournirait-elle les 3,100,000 tonneaux qu'il faudrait pour donner même 5 % aux actionnaires.

L'ouverture du Canal de Suez ne changera rien, ou presque rien, au prix de revient des produits de l'Asie rendus dans les ports de l'Europe, ni à ceux de l'Europe rendus en Asie, et dès lors ce Canal ne saurait avoir pour effet d'en augmenter la consommation.

(*) Depuis que le Canal de Suez est commencé, quatre ou cinq navires *à vapeur*, au moins, se sont perdus dans la mer Rouge. On peut citer : l'*Alma*, *le Marion*, le *Hedjaz*, le *Carnatic*, le *Northan*, etc. Ce dernier a été relevé au bout de cinq jours, ayant subi de graves avaries.

Or, aujourd'hui, toutes les *soies*, tout l'*indigo*, tout le *thé*, toutes les *épices fines*, etc., venant de l'Inde en Europe n'exigent même pas 500,000 tonneaux de navires pour leur transport. Si l'on y ajoutait même *la totalité des 1,600,000 balles de coton de l'Inde qui se consomment en Europe* (*), ce chiffre ne serait augmenté que de 350,000 tonneaux *navires* au plus, soit en tout 850,000 tonneaux, disons 1,000,000 tonneaux, en ajoutant 150,000 tonneaux pour des cafés, poivres, etc. Si ces 1,000,000 tonneaux navires passaient par le Canal en allant de l'Europe dans l'Inde, le péage serait perçu sur 2,000,000 tonneaux par an, ce qui, on l'a vu, ne permettrait la distribution d'aucun dividende aux actionnaires.

Dans les appréciations des avantages qu'offrira le Canal de Suez, M. de Lesseps a commis la grave erreur de croire que la durée de traversée des navires à voiles se *calcule sur la distance du port de départ à celui d'arrivée*. Il aurait dû savoir que, bien qu'il n'y ait pas plus loin du Havre à New-York que de New-York au Havre, un navire à voiles met 40 à 45 jours pour aller du Havre à New-York et seulement 20 à 25 jours pour en revenir. Il aurait dû savoir aussi que, tandis qu'un navire à voiles franchit généralement en 55 jours les 2,000 lieues qui séparent le Cap de Bonne-Espérance de l'entrée de la Manche, il met en moyenne au moins 75 jours à venir d'Odessa au même point, bien qu'il n'y ait que 850 lieues à parcourir; et qu'il en est de

---

(*) Cette hypothèse est inadmissible. Une notable portion de ces cotons ira toujours, par voiliers et par le Cap, de l'Inde dans les ports du Nord de l'Europe.

même d'une infinité de navigations, et surtout de celles des mers des Indes ou de Chine où règnent *les Moussons*.

M. de Lesseps a appliqué *aux primes d'assurances* la même règle erronée que pour la durée des traversées des navires à voiles : il les a calculées *suivant les distances*, tandis que les assureurs les font payer *suivant les risques*, lesquels sont parfois très grands pour une petite distance et très faibles pour une grande.

La prime qui est de 2 à 2 1/2 % pour les 900 lieues qui séparent Odessa du Havre, n'est que de 1 1/4 % pour les 2,600 lieues qu'il y a à franchir pour venir du Cap de Bonne-Espérance au Havre ; et tandis que la prime d'assurance n'est que de 2 % pour les 4,400 lieues d'un port de l'Angleterre à Aden (à l'extrémité sud de la mer Rouge), elle est élevée à 4 % si le navire va à Suez, bien que d'Aden à Suez il n'y ait que 320 lieues marines.

Il est assurément *très regrettable* que des notions aussi élémentaires en fait de navigation semblent avoir fait défaut à ceux qui ont conçu l'entreprise toute maritime du percement de l'Isthme de Suez, et qui y ont fait engager d'immenses capitaux sur la promesse de 40 millions de revenus sur 200 millions de capital, soit de 20 %, se figurant qu'il passera par le Canal six millions de tonneaux de navires par an, soit, en moyenne, SEIZE MILLE TONNEAUX PAR JOUR !!!

Si les avantages financiers du percement de l'Isthme de Suez ont été excessivement exagérés, ceux que la civilisation est appelée à en retirer ne l'ont pas été moins.

A entendre quelques enthousiastes et quelques poëtes,

il y avait entre l'Inde et nous une grande muraille de la Chine qui n'avait jamais été franchie et que M. de Lesseps a percée, *afin qu'à travers la brèche, l'Occident verse à grands flots sur l'Orient les bienfaits de sa civilisation* ! On lit dans l'*Année Scientifique* de M. Louis Figuier : « Le percement de l'Isthme de Suez est appelé » à opérer une révolution complète dans les conditions » du commerce Européen : il doit lui ouvrir les » portes fermées jusqu'ici de l'Orient tout entier et ac- » complir une révolution semblable à celle qu'a déter- » minée autrefois la découverte du Cap de Bonne- » Espérance ! »

Le savant M. Figuier aurait pu s'exprimer ainsi il y a 35 ans, car alors les lettres, les journaux, les livres, les passagers, les espèces, etc., allaient et venaient par le cap de Bonne-Espérance ; il fallait huit à neuf mois pour recevoir une réponse, et on comprend combien cet état de choses était gênant pour le commerce et nuisible au développement de la civilisation. Mais il se trouva alors un homme dont les éminents services semblent trop vite oubliés, qui découvrit le moyen de faire passer *lettres, journaux, livres, passagers, espèces*, etc., à travers l'Isthme de Suez. Un navire à vapeur les portait à Alexandrie et un autre les reprenait à Suez.

L'œuvre, la grande œuvre de *Waghorn*, a été depuis bien perfectionnée. Un premier chemin de fer, suivi, depuis peu, d'un second, ont relié Alexandrie et Suez, et aujourd'hui, chaque dimanche voit un splendide paquebot à vapeur quitter Marseille pour Alexandrie où il transborde voyageurs, espèces et marchandises dans des wagons qui en douze heures les transportent à Suez où se trouve un autre paquebot sous vapeur qui très généralement débarque le tout à Bombay le 20me jour du départ de Marseille.

Que faut-il dès lors penser du discours prononcé le 6 Septembre dernier au Congrès scientifique de Chartres par M. David, administrateur de la Compagnie du Canal de Suez et ancien ministre plénipotentiaire, à l'occasion de ce Canal? M. David parlant du *mariage de la Méditerranée avec l'Océan Indien (sic)*, a dit : « Dans deux » mois un voyageur partant de Paris, pourra, par le » Canal de Suez être rendu à Bombay en quinze ou » vingt jours au plus, *tandis qu'aujourd'hui il faudrait » près de trois mois en contournant le continent africain » pour arriver à la même destination* (*).

M. l'Administrateur de la Compagnie du Canal de Suez ignore-t-il qu'alors même que l'Isthme de Suez n'aurait pas été percé, le voyageur dont il parle *ne serait pas arrivé une heure plus tard à Bombay*, vu que le chemin de fer l'aurait porté d'Alexandrie à Suez *en douze heures*, et que le Canal ne saurait le transporter en moins de temps de Port-Saïd à Suez?

Les avantages que *la civilisation et l'humanité* retireront du Canal de Suez, créé en concurrence avec les chemins de fer traversant l'Isthme, seront à peu près nuls. Ce Canal ne profitera très évidemment qu'à la navigation à vapeur, principalement à la navigation anglaise; et il est permis de craindre que les 10 F. par tonneau à percevoir sur les navires qui traverseront l'Isthme, joints au produit de la vente de quelques terrains, seront très

---

(*) Voir le *Journal des Débats* du 12 Octobre 1869.

insuffisants pour payer à la fois, une Administration très coûteuse (*), des frais d'entretien considérables, un service d'obligations à taux usuraires, et enfin un dividende quelconque aux pauvres Actionnaires et aux non moins intéressants *Délégataires*.

Avant peu on saura si ces craintes, exprimées déjà en 1858, sont ou non fondées et de quel côté ont été les prévisions justes.

(*) On lit dans le Rapport de M. de Lesseps à l'Assemblée générale du 2 Août 1869, à l'article des dépenses :

Frais antérieurs à la Constitution de la Société	F.	2,991,435
Hôtel de la Compagnie à Paris	»	920,310
Mobilier à Paris et à Alexandrie	»	141,266
Frais généraux d'administration, commissions diverses en France et en Egypte	»	16,961,211
Total	F.	21,014,222

APPENDICE

Extrait du Rapport d'une Commission chargée par le Roi de Hollande d'examiner quels avantages le Canal de Suez pourrait offrir a la navigation, soit a voiles, soit a vapeur, de tout le nord de l'Europe.

COMPOSITION DE LA COMMISSION

Le président de la Société de Commerce des Pays-Bas ;

Les présidents des Chambres de Commerce de Amsterdam, de Rotterdam, de Dortdrecht, de Middelbourg et de Harlingen ;

Le secrétaire de la Société de Commerce des Pays-Bas ;

L'ancien président des Factoreries de Batavia ;

Le principal constructeur de machines à Amsterdam ;

Le directeur d'une grande Compagnie de bataux à vapeur ;

Deux professeurs des Universités de Leyde et de Delft ;

Et enfin, le célèbre ingénieur hollandais M. Conrad, le même qui a été président de la commission d'ingénieurs envoyée par M. de Lesseps en Egypte.

Suivant cette Commission, un navire à voiles de 800 tonneaux, monté de 25 hommes, met en moyenne :

Du cap Lézard au détroit de la Sonde (*)	84 jours	4/10es
Et mettrait par Suez	90 —	5/10es
Soit en plus par Suez	6 jours	1/10e

(*) Les découvertes nautiques du lieutenant Maury ont abrégé l'ancienne route de 15 jours environ.

Le même navire met pour le retour du détroit de la Sonde au cap Lézard.. 94 jours 5/10es
Et mettrait par Suez.. 110 — —
Soit en plus par Suez............................ 15 jours 5/10es

Un navire à voiles *clipper*, c'est-à-dire très mâté et spécialement construit pour une grande marche, met en moyenne, du cap Lézard au détroit de la Sonde :

Par le Cap de Bonne-Espérance.............. 79 jours 4/10es
Et mettrait par Suez................................ 90 — 5/10es
Soit en plus par Suez........................... 11 jours 1/10e

Le même navire met pour le retour du détroit de la Sonde au cap Lézard :

Par le Cap.. 89 jours 5/10es
Et mettrait par Suez.. 110 — —
Soit en plus par Suez........................... 20 jours 5/10es

Ces chiffres sont significatifs, et prouvent que le Canal de Suez fût-il fait, bien peu de navires à voiles, allant du nord de l'Europe ou de l'Amérique vers le détroit de la Sonde, c'est-à-dire allant à Java, à Sumatra, à Manille, en Chine, en Cochinchine, etc., ou en revenant, passeraient par le Canal de Suez.

La Commission Hollandaise s'est aussi occupée des navires à vapeur. Elle a supposé, d'abord, des navires de 2,400 tonneaux, munis de machines auxiliaires à hélice de 200 chevaux, et elle a calculé l'emploi de la vapeur par la route du Cap et par celle de Suez. Elle estime le voyage du cap Lézard au détroit de la Sonde :

Par le cap de Bonne-Espérance à............ 71 jours 5/10es
Par le canal de Suez....... .... 57 — 5/10es
Soit en moins par Suez........................ 14 jours —

Mais en consommant deux fois plus de charbon en allant par Suez qu'en allant par le Cap.

Le même navire est estimé mettre pour le retour du détroit de la Sonde au cap Lézard :

Par le cap de Bonne-Espérance...................... 77 jours.
Par le canal de Suez.. 60 jours.
Soit en moins par Suez............................ 17 jours.

Mais en consommant toujours deux fois plus de charbon en revenant par Suez qu'en revenant par le Cap.

La Commission Hollandaise a supposé ensuite les mêmes navires, munis de machines de grande puissance, soit de 600 chevaux, et elle dit qu'ils mettent du cap Lézard au détroit de la Sonde :

Par le Cap de Bonne-Espérance...........	66 jours 5/10es
Et qu'ils mettraient, allant par le Canal de Suez..	57 — 5/10es
Soit en moins par Suez....................	9 jours —

Le même navire est estimé mettre pour le retour du détroit de la Sonde au cap Lézard :

Par le cap de Bonne-Espérance...............	71 jours 5/10es
Par le canal de Suez................................	60 — —
Soit en moins par Suez........................	11 jours 5/10es

Le navire à vapeur à grande vitesse ferait donc les deux traversées, aller et retour :

Par le Cap, en..........................	138 j.	consom.	2770 t. charb.
Et par le Canal de Suez, en....	117 » 5/10es	»	2150 » »
Différence en faveur de Suez..	20 j. 5/10es	et	620 t. charb.

Tandis que le même navire, avec machine auxiliaire de 200 chevaux, ferait les deux traversées, aller et retour :

Par le Cap, en..........................	148 j. 5/10es	consom.	480 t. charb.
Par le Canal de Suez, en........	117 » 5/10es	»	1049 » »
Différence en faveur de Suez..	31 j. —		

Différence en faveur du Cap, en consommation de charbon.. 614 t. (*)

Il résulte de ces calculs :

1° Que les navires à voiles passeront rarement par le Canal de Suez, etc ;

2° Que les navires à vapeur n'auront pas toujours avantage à y passer.

Il est hors de question de se servir des navires à vapeur à grande vitesse pour le transport des marchandises de peu de

(*) 614 Tonneaux de charbon coûtent en moyenne au moins 20,000 fr.

valeur telles que sucre, café, riz, graines oléagineuses, jutes, lesquelles forment la grande masse des marchandises à transporter.

Depuis que ce rapport a été fait, l'adoption assez générale des *compound engines* sur les navires à vapeur ayant réduit très sensiblement leur consommation de charbon, l'avantage qu'ils présentent pour la longue navigation s'est trouvé augmenté, ce qui ne peut que profiter au Canal de Suez, sans cependant lui procurer assez de passage pour assurer l'avenir de ses actionnaires.

Extrait des LETTRES SUR LE PERCEMENT DE L'ISTHME DE SUEZ ; AVIS AUX PETITES BOURSES :

par Frédéric de Coninck.

(1858)

CINQUIÈME LETTRE

J'ai voulu me rendre compte, en ayant égard aux moussons, de la différence de durée probable entre les deux routes. J'ai, à cet effet, supposé deux navires, également bons voiliers, partant ensemble du détroit de la Sonde pour la Manche, l'un passant par le Cap, l'autre par le Canal de Suez, et j'ai trouvé que d'Octobre en Avril le premier mettrait du détroit au

Cap	35	Jours.
Du Cap à Ste-Hélène	15	»
De Ste-Hélène en Manche	55	»
Soit en tout	105	Jours.

L'autre navire mettrait, dans la même saison, du détroit de la Sonde au détroit de Bab-el-Mandeb........... 30 Jours.

Du détroit de Bab-el-Mandeb à Suez....................	30 »
Passage du Canal, supposé (*).............................	5 »
De Port-Saïd en Manche (en n'étant pas trop contrarié dans le détroit de Gibraltar)..........	45 »
Soit en tout..................	110 Jours.

Il n'y aurait donc aucun avantage à prendre le Canal de Suez dans cette saison là.

Dans l'autre saison, d'Avril à Octobre, le Navire allant par le Cap mettrait :

Du détroit de la Sonde au Cap..............................	45 Jours.
Du Cap à Ste-Hélène..	15 »
De Ste-Hélène en Manche..	55 »
Soit en tout..................	115 Jours.

Dans la même saison, le navire allant par Suez mettrait :

Du détroit de la Sonde au détroit de Bab-el-Mandeb..	40 Jours.
Du détroit de Bab-el-Mandeb à Suez....................	15 »
Passage du Canal...	5 »
De Port-Saïd en Manche..	40 »
Soit en tout..........................	100 Jours.

L'avantage serait de 15 jours en faveur du Canal; mais pour un navire de 500 tonneaux, le passage du Canal coûterait 5,500 Fr., et tous les armateurs préfèreront 15 jours de plus de traversée à payer cette somme qui représente 11,000 Fr. par mois (**).

Du 1er Octobre au 1er Avril, saison où se chargent les cinq sixièmes des sucres à Maurice et à la Réunion, deux navires partant pour la Manche, l'un par le Cap, l'autre par Suez, le premier arrivera probablement en moins de 90 jours, tandis que celui par la mer Rouge mettrait :

(*) Ce passage sera peut-être plus court.

(**) Le passage par la mer Rouge augmenterait notablement les assurances.

De Maurice, ou la Réunion, au détroit de Bab-el-Mandeb	25 Jours.
Du détroit de Bab-el-Mandeb à Suez	30 »
Passage du Canal	5 »
De Port-Saïd en Manche	45 »
Total	105 Jours.

Soit 15 jours *de plus* par le Canal de Suez que par le Cap de Bonne-Espérance !

D'Avril à Octobre, la traversée de Maurice en Manche, par le Cap, sera probablement de 95 jours, et celle par Suez de 90 jours, parce que la Mer Rouge sera remontée en 15 jours.

Ces calculs, qui peuvent être facilement contrôlés par n'importe quel capitaine, prouvent que les navires à voiles partant de l'Inde ou de la Chine, ne passeront qu'exceptionnellement par le Canal de Suez, et que cette route sera à peu près exclusivement réservée aux navires à vapeur (*).

Les seuls navires à voiles venant de la côte Malabar et allant à Trieste ou à Marseille, auront peut-être avantage à passer par le canal de Suez plutôt que par le Cap de Bonne-Espérance; mais cet avantage, quel sera-t-il? M. de Lesseps dit que ces navires gagneraient *deux mois*. Je ne le crois pas, mais je l'admets.

Un navire de 1,000 ton. dépense par mois F. 3,000 en gages et nourriture d'équipage soit pour 2 mois	F.	6,000
Ce navire représente en moyenne, un capital de F. 300,000, sur lequel il faut compter par an 12 0/0 intérêts et amortissement = 36,000 et pour 2 mois..	»	6,000
L'usure des voiles, du gréement et du doublage (si c'est un navire en bois) peut être estimé à F. 18,000 par an, soit pour 2 mois	»	3,000
Le navire gagnerait donc....	F.	15,000

S'il n'avait à payer :

1° A la Compagnie du Canal de Suez pour droits de passage et d'ancrage, sans parler des frais de remorquage et autres	F. 11,000		
2° Aux assureurs augmentation de prime pour la mer Rouge, disons seulement 1 0/0.	» 3,000	»	14,000

(*) On a vu que la Commission Hollandaise fait ses réserves, même pour les navires à vapeur.

L'avantage de la voie par le Canal de Suez serait donc réduit à.. F. 1,000

Soit par tonneau............... F. 1
M. de Lesseps a dit............ » 50

Entre les deux chiffres, l'opinion de ceux qui peuvent apprécier la question prononcera.

FINANCES DE LA COMPAGNIE DU CANAL DE SUEZ

ACTIONS

Il en a été créé en 1858 400,000 de 500 francs, formant un capital de 200,000,000,

Malgré un revenu annoncé de 40 millions et des annonces très nombreuses en tous pays, il n'y a guère eu de souscripteurs qu'en France et en Egypte, où le Pacha a pris les 176,000 actions restées à la souche.

Bien que des intérêts à 5 % aient été jusqu'ici très exactement payés aux *Actionnaires*, d'abord avec leur argent, tant qu'il y en a eu, puis avec celui des *Obligataires*, et enfin avec celui des *Délégataires*, les actions ont subi de très grandes variations. Le 30 Juin 1866 elles étaient tombées à Fr. 240 et le 1er Août 1869 elles étaient remontées à 615 Fr. (*). Pourquoi ces actions valaient-elles tellement moins en 1866 qu'en 1869 ou pourquoi en 1869 valaient-elles tellement plus qu'en 1866 ? Serait-ce parce que en 1869 elles étaient grevées d'une dette de Fr. 100,000,000, qui n'existait pas en 1866, et qui peut-être leur enlèvera tout revenu ?

Le cours moyen des actions a été :

en 1862	de F.	478
1863	»	506
1864	»	452
1865	»	440
1866	»	355
1867	»	326
1868	»	367
1869	»	501 (**)

(*) La souscription des Délégations a eu lieu le 11 Août.

(**) Moyenne de l'année jusqu'au 16 Octobre.

OBLIGATIONS

En 1868 la Compagnie ayant absorbé à la fois son capital de 200 millions et les 84 millions reçus du Vice-Roi-d'Egypte pour la cession du Canal d'eau douce et des terres irrigables qui en dépendaient (*), suivant sentence arbitrale de Napoléon III, chercha à emprunter 100 millions en offrant à F. 300 des obligations donnant F. 25 par an, et remboursables à F. 500 en 50 ans par des tirages trimestriels commençant immédiatement.

Mais sur les 100 millions demandés, et malgré d'énormes *frais de chauffe*, 31 millions seulement furent souscrits et il fallut *une loi spéciale* pour autoriser la Compagnie à ajouter au dividende de F. 25 revenant aux obligations, *des primes* s'élevant pour les quatre tirages annuels à *un million de francs.* Grâce à cette déplorable loterie, le solde des cent millions d'Obligations fut souscrit avec un grand empressement, et la fièvre des chances aléatoires est telle que les mêmes obligations dont on ne voulait pas à F.300, sans *lots de loterie,* se sont payées jusqu'à F. 460, dès que le Gouvernement a autorisé ce moyen si peu moral de battre monnaie. Il va sans dire que les *Obligations* priment *les Actions*, et que ces dernières, dès que les intérêts qui leur sont dus pendant la durée des travaux ne leur seront plus payés, ne toucheront quelque chose que si les revenus du Canal excèdent les 21 millions nécessaires pour payer les frais et faire le service des obligations.

Dans l'exposé des motifs du projet de loi autorisant ladite loterie, on lit :

« La Société du Canal de Suez n'est pas *et ne peut pas être* » *une Société française.* D'origine nationale, elle travaille sur » un territoire étranger dans un but international pour le com- » merce de tous les pays et pour le progrès général de la ci- » vilisation. Elle s'intitule Compagnie Universelle ; son siége » est à Alexandrie. Sous réserve d'obéir aux lois de la France » en tant qu'elle agit en France, où son administration est » constituée, elle doit garder entières son indépendance et sa » responsabilité. »

DÉLÉGATIONS

En 1869, actions et obligations ne suffisant plus pour achever non le Canal convenu de 44m, mais un Canal provisoire de

(*) Cette cession a privé la Compagnie d'un revenu estimé par M. Lesseps. F. 7,560,000.

22m, la Compagnie s'est procuré encore 30 millions en émettant *des Délégations* sur les bénéfices espérés à revenir aux 176,000 actions du Khédive !

A cet effet la Compagnie lui a cédé ses hôpitaux, ses carrières, etc., etc., le tout estimé 30 millions. Dans l'Inventaire de ces cessions figurent pour *un million* des magasins situés à Boulac et à Damiette, qui, a dit M. de Lesseps à ses actionnnaires, n'avaient coûté à la Compagnie que F. 255,469.

Si le Khédive paraît avoir payé cher cette cession de 30 millions, son mode de payement n'a pas dû le gêner beaucoup car il a payé *avec les bénéfices à revenir à ses 176,000 Actions dans le Canal, et en se faisant donner quittance définitive.*

Cette *Délégation* n'aurait peut-être pas mis de l'argent comptant dans la caisse de la Compagnie de Suez, si elle ne l'avait très intelligemment divisée en 120,000 titres émis à F. 270, produisant 10 % et remboursables à F. 500 en 25 ans, *si le bénéfice à revenir aux actions le permet*, et ne donnant lieu ni à intérêts ni à remboursement si, au lieu de voir passer par le Canal 6,000,000 de tonneaux de navires, comme le pense M. de Lesseps, il n'en passait que 2,000,000 de tonneaux, c'est-à-dire tout juste assez pour payer l'administration de la Compagnie et les 11 millions exigés pour le service des obligations. Dans cette hypothèse, *Actionnaires* et *Délégataires* seraient tellement à plaindre qu'il faut espérer qu'elle est inadmissible, et à en juger par *l'entrain* extrême avec lequel ces *délégations* ont été souscrites, il est évident que telle a été l'opinion des souscripteurs.

QUESTIONS INDISCRÈTES

Les nations maritimes s'étant bien entendues pour entretenir, à frais communs, la navigation du Danube, pourquoi n'en auraient-elles pas fait autant pour *achever le Canal de Suez*, quand le capital de 200,000,000 de la Compagnie Universelle s'est trouvé absorbé?

Si, au lieu de porter à ses actionnaires un coup funeste par la création de 100,000,000 d'obligations à conditions usuraires, bien que privilégiées sur les revenus du Canal, M. de Lesseps avait demandé à toutes les nations maritimes de garantir l'intérêt du capital engagé dans le Canal, *au prorata* du tonnage des pavillons qui en feront usage, n'est-il pas bien probable que le gouvernement anglais, placé dans l'alternative de ne pas avoir ce moyen de communiquer avec ses immenses possessions de l'Inde ou de l'avoir à ce prix, aurait accepté, et que la *France*, l'*Autriche*, l'*Italie*, la *Turquie*, *la Russie*, la *Grèce*, la *Hollande*, la *Prusse*, etc., en auraient fait autant ?

L'*intérêt garanti*, la Compagnie de Suez aurait emprunté à 5 % au lieu de 10 %; et n'est-il pas évident que les 200,000,000 d'actions (dont 110,000,000 françaises) qui se sont si vaillamment mises sur la brèche pour une création d'intérêt général, et d'intérêt anglais surtout, auraient été sauvegardées, au lieu de se trouver aujourd'hui si compromises?

Havre. — Imprimerie du Commerce, ALPH. LEMALE, Quai d'Orléans, 9.

LA LARGEUR ET LA PROFONDEUR

DU CANAL DE SUEZ

LARGEUR DU CANAL DE SUEZ

ACTE DE CONCESSION

Art. 3.

« Le Canal approprié à la grande navigation
» maritime sera creusé à la profondeur et à la largeur
» fixées par le programme de la Commission Scienti-
» fique Internationale. »

PROGRAMME DE LA COMMISSION INTERNATIONALE

« Nous pensons que 80 mètres à la ligne d'eau
» *correspondant à 44 mètres au plafond* (*plafond*
» signifie la largeur *du fond*) seront une largeur bien
» suffisante. »

Le Canal a 22 mètres de *largeur de fond* au lieu de 44 mètres qu'il devra avoir, mais à *la surface* il a 100 mètres ce qui sera très beau à l'œil, mais d'aucune utilité puisque à 10 mètres du bord il n'y a que 2 mètres de profondeur. Pour achever le Canal et lui donner les 8 mètres de profondeur voulue sur une largeur de 44 mètres, il reste à extraire du fond environ 13 millions de mètres cubes.

$$100 + 44 = \tfrac{144}{2} \quad 72 \times 8^{m} \; — \; 576^{m3}$$
$$100 + 22 = \tfrac{122}{2} \quad 61 \times 8^{m} \; — \; 488 \text{ »}$$
$$88^{m3}$$
$$88^{m3} \times 148{,}000^{m} = 13{,}024{,}000^{m3}$$

DE LA PROFONDEUR DU CANAL

Le Canal a, on le sait, 8 mètres de profondeur, et l'entretenir à cette profondeur au moyen des dragues, n'est qu'une question de dépense annuelle, à prendre sur les revenus.

On lit dans le *Journal de l'Union des Deux Mers* du 18 Octobre 1869, page 359 :

« L'*Economist* est complétement dans l'erreur. Le
» Canal est également navigable pour toutes les classes
» de navires à vapeur et de navires à voiles tirant
» jusqu'à 8 mètres d'eau. Il en aura la preuve dès le
» 17 Novembre, etc. »

Cette citation suffit pour faire apprécier *la science nautique* du journal au moyen duquel la Compagnie maritime du Canal de Suez éclaire ses *Actionnaires*, ses *Obligataires* et ses *Délégataires*.

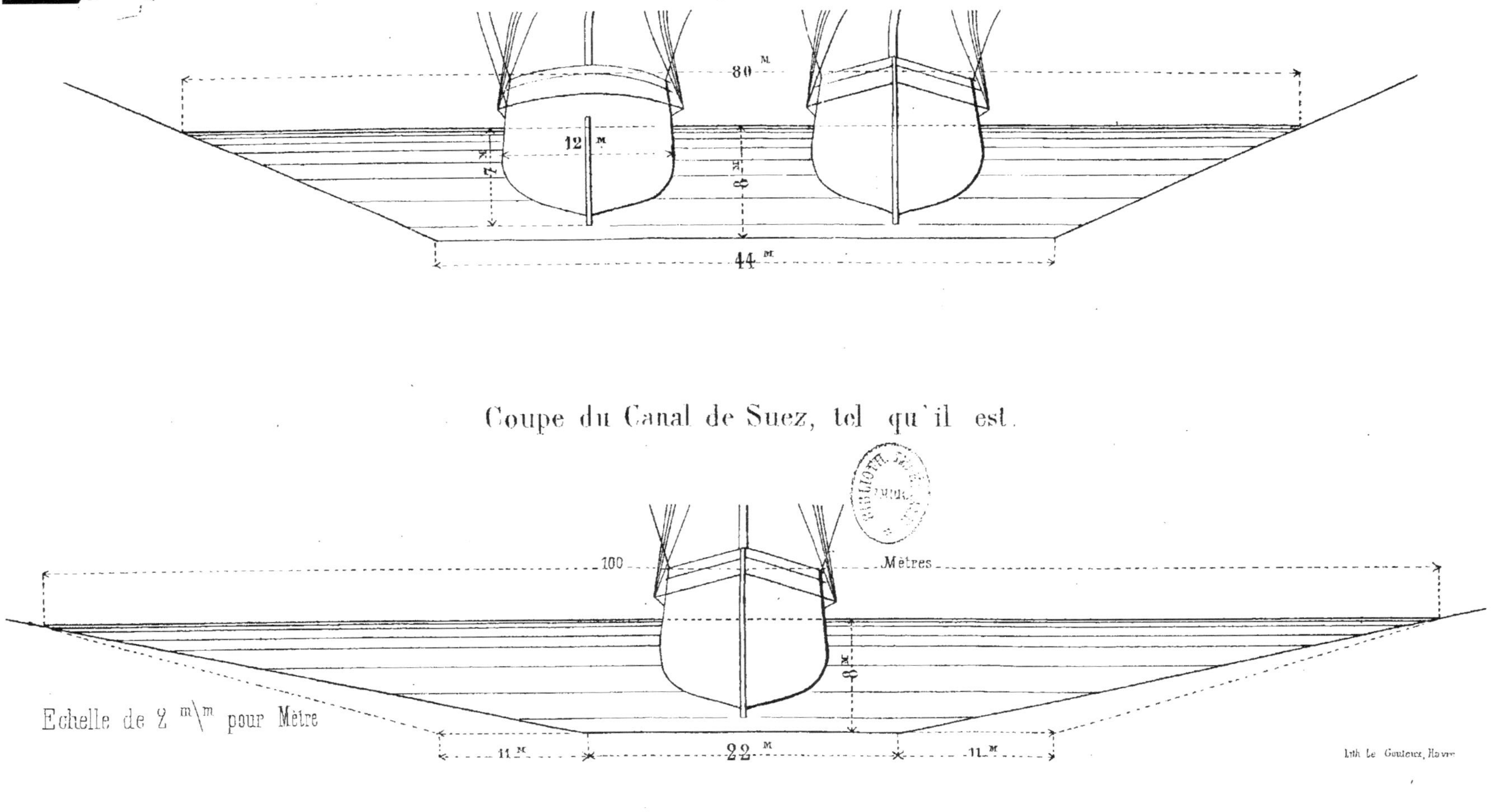
80 M
12 M
7 M
8 M
44 M
Coupe du Canal de Suez, tel qu'il est.
100
Mètres
8 M
Echelle de 2 m\m pour Mètre
11 M
22 M
11 M
Lith Le Gouteux, Havre

PROFONDEUR DU CANAL DE SUEZ

Les Deux Versions [1]

Devine si tu peux ;
Choisis si tu l'oses

Le 18 Octobre dernier, le journal de la Compagnie du Canal de Suez annonçait, page 359 :

« Le Canal est également navigable pour toutes les » classes de navires à vapeur et de navires à voiles » tirant jusqu'à 8 mètres d'eau. On en aura la preuve » dès le 17 Novembre, jour de l'inauguration. »

Devant une affirmation si explicite, j'ai dû prendre pour constant que le Canal de Suez avait les huit mètres de profondeur de son programme et que des navires de *sept* mètres de tirant d'eau pourraient aisément le franchir. Aussi, en publiant à la fin du mois d'Octobre dernier une brochure sur le Canal de Suez, je n'en ai critiqué les dimensions qu'au point de vue *de sa largeur*, qui n'est au plafond que la moitié de ce qu'elle devrait être : 22 mètres au lieu de 44 mètres, et dans la coupe que j'en ai donnée sa profondeur est indiquée comme étant de 8 mètres, et des navires de 7 mètres de tirant d'eau sont représentés le franchissant.

La lettre ci-après, que je viens de recevoir d'une respectable maison de commerce établie à Port-Saïd, va montrer combien j'avais été induit en erreur par

---

(1) Ces pages forment supplément à une Brochure intitulée : *Le Canal de Suez*, par Frédéric de Coninck, avec dessin, chez Lemale, Imprimeur, au Havre, et chez E. Dentu, Libraire, Palais Royal, à Paris. Prix 1 fr.

la Compagnie de Suez ; elle dira aussi quel est le véritable état du Canal et combien sont considérables les travaux qui restent à y faire pour que des navires de 7 mètres de tirant d'eau puissent le franchir avec sécurité.

PORT-SAÏD, LE 26 NOVEMBRE 1869.

Monsieur F. de Coninck, Armateur au Havre.

Monsieur,

Nous avons reçu en son temps votre honorée du 1er courant, et vous sommes très obligés de nous avoir communiqué vos prévisions antérieures à l'inauguration du Canal; de notre côté, nous tenons à vous dire franchement ce que nous pensons de cette entreprise, qui, au point de vue de l'initiative et de l'obstination mise en avant par son créateur pour combattre tous les obstacles moraux et matériels qui s'opposaient à son accomplissement, fait le plus grand honneur à M. de Lesseps, tandis que sous le rapport de la situation actuelle des travaux et de l'exploitation, dans les conditions où elle se trouve, elle ne peut et ne doit être considérée que comme un coup manqué, ou du moins comme un essai trop hâtif d'une œuvre dont l'état d'achèvement aurait dû être prévu plus de trois mois à l'avance; or, il y a à peine quelques mois, l'ouverture du Canal était officiellement annoncée en Europe pour le mois d'Octobre, puis a été remise au 17 Novembre, alors que l'on savait parfaitement, sur toute la ligne de Port-Saïd à Suez, qu'à certains endroits la profondeur du Canal était telle que l'on pouvait à peine y faire passer les dragues; enfin l'époque de l'inauguration annoncée si bruyamment ne pouvait pas supporter un nouveau retard ; les invitations avaient été lancées de côté et d'autre ; l'ouverture devait donc avoir lieu à l'époque fixée ; on a par suite transporté, il y a six ou huit semaines, sur tous les points les moins avancés, des masses de dragues qui ont travaillé jour et nuit à déblayer le fond, et sont, somme toute, arrivées, après un travail continu, à extraire un nombre gigantesque de mètres cubes de sable dans la partie du chenal que devaient parcourir les navires.

Le résultat de ce travail énorme et presque incroyable des dernières semaines se résume au moment de l'ouverture par les résultats suivants, que nous avons constatés nous-mêmes, et qu'il nous est pénible d'avouer (étant des premiers intéressés à la réussite du Canal), mais ne voulant pas cependant transmettre à notre clientèle d'armateurs français et étrangers des renseignements autres que ceux que nous avons personnellement recueillis sur place, et que voici :

Yacht impérial l'*Aigle*, tirant d'eau 5 mètres. Une foule de personnes attachées plus ou moins directement à l'entreprise des travaux ou à la Compagnie viennent nous dire triomphalement que ce bateau a passé sans encombre de Port-Saïd à Suez ; il faut noter qu'une partie de l'équipage et du matériel avait été mise à terre avant son départ de Port-Saïd, et que ce n'est que sur les instances pressantes d'autorités éminentes que l'on a risqué le passage de ce bateau, et encore après avoir, la veille, fait sonder le terrain par la frégate égyptienne le *Latif*, qui s'est ensablée pendant quelques heures (par suite, dit-on, d'une fausse manœuvre). — Le transport français *Salamandre*, et le vapeur *Louise-Marie*, de Marseille ; somme toute, après des sondages minutieux et constants (qui seraient à peine possibles à bord d'un navire de commerce, à cause de l'insuffisance du nombre d'hommes d'équipage), on a réussi à amener ce bateau à Suez. Quelques autres navires (entre autres les avisos français *Actif* et *Salamandre*) d'un tirant d'eau bien inférieur ont suivi ; le steamer *Péluse*, des Messageries Impériales, calant 4^{m},20 à l'avant et 5^{m}, à l'arrière, s'est ensablé plusieurs fois, quoiqu'il se fût considérablement allégé à Port-Saïd, et a dû, à quelques kilomètres de Suez, mettre à terre ses passagers, dont un certain nombre sont arrivés par la voie de terre, et comme ils ont pu, jusqu'à destination.

Frégate espagnole *Bringuila*, 19 pieds anglais (5^{m},85). Le passage lui a été absolument interdit.

Corvette norvégienne *Nordstjernen*, 18 pieds (5^{m},50). Est arrivée à Ismaïlia, mais n'a pas pu aller plus loin.

Frégate suédoise *Vanadis*, 19 pieds pieds anglais. Passage complétement interdit, même de Port-Saïd à Ismaïlia ; à notre retour de Suez, nous avons causé avec plusieurs officiers de ce navire, passagers, comme nous, à bord du bateau-poste d'Ismaïlia à Port-Saïd, et qui nous ont dit qu'il était impossible de risquer le passage de ce bateau.

Vapeur espagnol *Pelayo*, de Barcelone, 600 tonneaux, 13 pieds anglais à l'avant, 14 1/2 pieds à l'arrière. Nous avons passé à bord de ce navire de Port-Saïd à Ismaïlia, et nous avons dû attendre près de Kantara, près de six heures de temps, qu'un navire égyptien qui se trouvait devant nous, et derrière lequel était la corvette *Nordstjernen*, fût désensablé; en arrivant dans le lac Timsah, nous avons été nous-mêmes sur le point de nous échouer, et notre heureuse arrivée à Ismaïlia ne doit être attribuée qu'au hasard, car nous n'avions pas de pilote à bord, et à côté de nous, à l'entrée du lac Timsah, des navires étaient au plein (sur des bancs de sable, il est vrai), mais obstruaient néanmoins le passage à ceux qui venaient derrière.

D'Ismaïlia à Suez, nous étions à bord d'un grand vapeur à aubes égyptien appartenant au Vice-Roi, le *Fayonm*, calant 13 à 14 pieds, et qui s'est échoué à la sortie du lac pour entrer dans le Canal; nous sommes restés une heure et demie sur la berge, malgré les efforts et le travail de l'équipage pour lancer des amarres, afin de nous sortir de cette position; au même moment nous voyions devant nous un autre vapeur égyptien qui s'était mis complétement en travers du Canal, et à 300 mètres de nous, à l'arrière, le *Péluse* s'abordait avec un autre navire que l'on nous a dit être la *Salamandre;* des embarcations appartenant aux deux navires ont été brisées, et il est résulté de cet accident un retard pour tous les autres navires qui étaient derrière.

A notre retour de Suez, nous avons pris à Ismaïlia un petit bateau-poste et avons rencontré à la hauteur de Kantara le yacht du Havre *Fauvette*, à qui le passage était barré par un bateau russe d'environ 700 tonneaux, se rendant à Port-Saïd, et derrière lequel la frégate égyptienne *Garbich* menaçait aussi de s'ensabler. Aujourd'hui la *Fauvette* a quitté notre port, où il lui a réussi d'arriver sans autre préjudice qu'un peu de retard.

Quelques kilomètres plus loin, nous avons rencontré le trois-mâts *Noël*, de Bordeaux, remorqué par un petit vapeur, venant de Port-Saïd et se rendant à Bombay ; ce navire nous a paru devoir porter environ 600 tonneaux ; nous ignorons quelle apparence il a quand il est complètement chargé, mais il n'est pas inutile de noter qu'au moment où nous l'avons vu, il avait deux pieds de son doublage de cuivre visibles au-dessus de l'eau ; par suite, son tirant d'eau devait être considérablement réduit, et il n'est pas possible de supposer qu'en mer il soit en état de naviguer dans ces conditions (1).

Nous pourrions vous citer plusieurs autres navires dont les péripéties sont parvenues à notre connaissance. Mais nous ne tenons à parler que d'une partie de ceux que nous avons vus et observés nous-mêmes. Un grand nombre de ces échouements sont mis sur le compte des fausses manœuvres, de pilotes inexpérimentés, ou attribués à l'absence totale de pilotes... Nous aimons à le croire, jusqu'à preuve du contraire.

En général donc, tous les navires qui se sont ensablés étaient sur lest ; par suite, les travaux nécessaires pour les remettre à flot ont, quoique pénibles, été d'une facilité relativement assez grande ; mais si des navires du même tirant d'eau, chargés de marchandises, s'étaient échoués, qui peut prévoir les frais occasionnés par l'allègement, puis le réembarquement d'une partie du chargement, en plein désert, sans engins disponibles, et le retard occasionné aux navires qui se seraient trouvés derrière eux, et qui eux-mêmes,

---

(1) Ce navire s'est perdu le 30 Novembre dans la mer Rouge, à 86 milles de Suez, près du Ras-Ghareb. (*Le chemin le plus court n'est pas toujours le meilleur.*) Ce naufrage, précédé il y a peu de mois par celui du grand Peninsular Steamer le *Carnatic,* prouve une fois de plus combien la mer Rouge est d'une navigation difficile, pour les navires à voiles surtout, et explique pourquoi les assureurs, qui exigent des primes proportionnées *au risque* et non à la longueur du voyage, en demandent une sensiblement plus élevée pour les navires à voiles qui vont dans l'Inde ou qui en reviennent par la mer Rouge, que pour ceux qui prennent la route plus longue mais plus sûre, et souvent plus rapidement franchie, du cap de Bonne-Espérance.

suivant leur tirant d'eau, étaient exposés, quelques kilomètres plus loin, à s'échouer à leur tour ?

Ce qui, pour nous, ressort de ce que nous avons vu du Canal, le voici : Un navire de tirant d'eau n'excédant pas 14 à 15 pieds français ($4^{m},70$ à 5^{m}) pourra facilement le traverser, dans les conditions où il se trouve actuellement (pourvu toutefois, et à la condition expresse, qu'il n'y ait pas devant lui de navire d'un tirant d'eau supérieur). La longueur du bateau ne devra pas non plus excéder 60 à 65 mètres, pour lui permettre de passer partout en toute sécurité ; car les courbes sont, en certains endroits, très difficiles, et il devra surtout avoir à bord un pilote très expérimenté, pour ne pas se trouver exposé, d'une manière très sérieuse, à un échouement imminent et à des frais d'allègement considérables, si ce navire a à bord une cargaison, de quelque nature qu'elle soit.

Vous avez, Monsieur, dans la brochure dont vous avez eu la bonté de nous adresser quelques exemplaires, prévu d'une façon très juste les dangers qu'occasionnera indubitablement la largeur insuffisante du Canal, et qui en certains endroits est encore inférieure à ce que vous pensez ; mais vous aviez toute confiance en la profondeur moyenne de 8 mètres, annoncée officiellement ; les résultats que nous vous avons consignés plus haut, et sur l'exactitude desquels vous pouvez vous baser en toute confiance, vous fixeront sur ce que l'on doit risquer sous le rapport du tirant d'eau à assigner aux navires qui d'ici un an ou deux (et pourvu que les travaux d'entretien ne soient pas négligés) seront appelés à entreprendre la navigation régulière du Canal.

Appuyés, comme nous le sommes, par quelques maisons importantes d'armements français et anglais, nous considérerions de toute ingratitude de leur transmettre des renseignements autres que ceux que nous avons constatés par nous-mêmes ; nous sommes au plus haut degré intéressés à ce que la voie du Canal soit adoptée par la marine à vapeur européenne ; mais nous ne croyons pas que ce résultat puisse être obtenu avant une couple d'années, c'est-à-dire avant que les travaux d'approfondissement et d'élargissement du Canal aient été poussés avec la plus grande activité, ce qui nécessitera une dépense d'au moins 120 à 150 millions de francs ; nous espérons que le laps de temps que les personnes compétentes assignent à ces travaux jusqu'à leur parfait accomplissement sera moindre, et en ce cas nous nous estimerons heureux de vous renseigner en temps sur le parfait état de navigabilité du Canal, comme nous vous envoyons aujourd'hui nos impressions toutes personnelles sur l'état où il se trouve actuellement.

Si nous pouvons, en quelque manière que ce soit, vous être de quelque utilité ici, nous nous mettons, Monsieur, entièrement à votre disposition, et vous présentons nos salutations les plus empressées.

CORRE ET TOURAINE.

Après avoir lu cette lettre, qui respire l'esprit de justice et de vérité et qui émane d'une plume parlant *de visu*, que faut-il penser de l'avis que la Compagnie du Canal de Suez a fait publier dans les journaux *le 27 Novembre dernier*, alors que tous les faits relatés dans la lettre lui étaient connus.

Compagnie Universelle du Canal Maritime de Suez

AVIS

« Le Canal maritime est ouvert à la grande navi-
» gation depuis le 17 Novembre.

» La navigation sur le Canal maritime de Suez est
» permise à tous les navires, quelle que soit leur natio-
» nalité, pourvu qu'ils ne calent pas plus de $7^{m},50$,
» LE CANAL AYANT HUIT MÈTRES DE PROFONDEUR, etc.

» *Signé :* Ferdinand de Lesseps. »

Il est difficile de comprendre comment la Compagnie de Suez s'est crue autorisée à annoncer, le *27 Novembre*, que le Canal a 8^{m} de profondeur et que des navires de $7^{m},50$ de tirant d'eau peuvent le traverser, alors que, le jour de l'inauguration, elle en a elle-même interdit l'entrée à des navires ne tirant que 5^m85 (19 pieds anglais), et que tous ceux qui l'ont *traversé* sont *unanimes* pour dire qu'aucun navire tirant plus de 5^m ne peut s'y engager avec sécurité, et que ce magnifique travail est très loin encore de réaliser son programme d'un Canal de grande navigation ayant 44^m de plafond et 8^m de profondeur *sur toutes les parties de ce plafond.*

Les armateurs et assureurs des navires à vapeur qui tenteront de franchir le Canal de Suez *avant son achèvement* devront se rappeler qu'un navire en fer n'est préservé d'une oxydation rapidement destructive que par la peinture qui recouvre sa carène, et que tout navire en fer qui aura à faire son sillon à travers les hauts fonds de sable dont le plafond du Canal est actuellement parsemé, y laissera toute la peinture de ses petits fonds et usera peut-être sensiblement ses tôles par l'effet de la pression énorme qui s'exerce dans un semblable *labourage*.

Ils ne devront pas oublier non plus qu'un steamer à hélice de 80 à 100^m, marchant à petite vitesse dans un chenal n'ayant que 22^m de large, ira à la moindre embardée piquer son avant dans une des berges, tandis que son arrière s'échouera sur celle opposée. Le navire se trouvera, dans cette position, barrer entièrement le Canal, et ne pouvant ni le faire avancer, ni le faire reculer, pour le dégager, il faudra l'alléger, opération bien longue et bien difficile au milieu du désert, et en attendant qu'il soit remis en route, aucun navire ne pourra passer, soit pour aller à la mer Rouge, soit pour en revenir.

Dans l'intérêt des navires de tirant d'eau modéré, et afin d'éviter autant que possible, l'obstruction plus ou moins prolongée du Canal, la Compagnie devrait rendre le remorquage *obligatoire*, tant pour les navires à vapeur que pour les navires à voiles se risquant à aller dans l'Inde ou à en revenir par la mer Rouge.

Shipping Gazette, 7 Décémbre 1869 :

SUEZ CANAL. Port-Saïd, 25th November : The ship *Isabel* will have to take the cargo out and lighten to 16 feet 3 inches.

Traduction. — Le navire l'*Isabelle* aura à décharger et devra être mis au tirant d'eau de 5^m pour traverser le Canal.

Le même article dit que la profondeur générale du Canal est de 24 pieds anglais = $7^m,33$, mais qu'il reste passablement de hauts fonds à enlever.

Les armateurs et les *assureurs* auront à choisir entre ces deux versions absolument contraires : celle de M. de Lesseps, qui appelle les navires de $7^m,50$ de tirant d'eau (ce qui suppose des steamers de plus de 100^m de long) à venir dès ce moment traverser le Canal de Suez, et celle de MM. Corre et Touraine, courtiers de navires à *Port-Saïd*, qui, malgré l'intérêt évident qu'ils ont à voir arriver le plus de navires possible, et les plus grands navires possibles, préviennent loyalement leur clientèle d'Europe que, dans l'état actuel du Canal, il serait imprudent de chercher à le traverser avec des navires calant plus de 5^m au maximum et ayant plus de 65^m de longueur, à cause de la difficulté des courbes.

Il convient d'ajouter que le Canal, dût-il rester dans l'état où il paraît être, c'est-à-dire n'ayant que 22^m de plafond et ne donnant passage qu'à des navires de 5^m de tirant d'eau, pourrait néanmoins rendre des services importants, vu que l'on peut aisément construire des navires portant 1,000 tonnes et ne dépassant pas 5^m de tirant d'eau ni 65^m de longueur ; mais il y a *très loin* de ce Canal à celui de 44^m de plafond et de 8^m de profondeur que M. de Lesseps avait annoncé qu'il ferait pour *deux cents millions* et qui devait produire *quarante millions* à ses actionnaires.

Si le programme primitif doit être réalisé, et il est fort à désirer qu'il le soit, il reste évidemment une somme très considérable à dépenser.

D'où viendra-t-elle ?

Tout nouvel emprunt, en créant pour la Compagnie de nouvelles charges, ne ferait qu'achever la ruine d'actionnaires, bien dignes d'un meilleur sort et compromettrait gravement les *obligataires*, qui se trouveraient primés à leur tour par les nouveaux prêteurs.

Dans cette situation des choses, le Canal étant considéré comme une œuvre d'une beauté exceptionnelle et comme présentant pour tous les pays un grand intérêt international, ne conviendrait-il pas de proposer à toutes les nations maritimes de l'Europe, et à l'Egypte, de garantir un intérêt de 4 % sur :

200,000,000 Capital de la Compagnie.
100,000,000 Obligations.
30,000,000 Délégations et
120,000,000 Nouvel emprunt supposé suffisant.

450,000,000 à 4 % = F. 18,000,000, dont il y aurait à déduire ce que le Canal produirait, moins ses frais d'administration (réduits autant que possible) et ses frais d'entretien, auxquels on ajouterait :

1° 2,400,000 pour 2 % supplémentaires aux nouveaux prêteurs, qui auraient ainsi :

4 % garantis et
2 % éventuels, soit
—
6 % et

2° 1,000,000 pour 1 % supplémentaire aux *obligataires* qui, renonçant à la loterie autorisée en leur faveur, auraient droit à être mieux traités que les *actionnaires* et qui recevraient alors :

4 % garantis et
1 % éventuel, soit
—
5 %

3,400,000 F.

Les droits des nouveaux prêteurs primant ceux des obligataires.

Il est permis d'espérer que la somme annuelle à parfaire par les divers Etats n'excéderait pas *dix millions*, et une pareille somme, répartie au prorata des pavillons qui useraient du Canal, constituerait pour chaque Etat un sacrifice fort acceptable, vu la grandeur de l'entreprise et l'honneur qui en reviendra à ce siècle, où le progrès des sciences aura fait accomplir de si grandes merveilles, dont le Canal de Suez, complétement achevé, ne sera pas la moindre.

FRÉDÉRIC DE CONINCK.

HAVRE, 8 Décembre 1869.

Imprimerie du Commerce. — ALPH. LEMALE. — Havre.

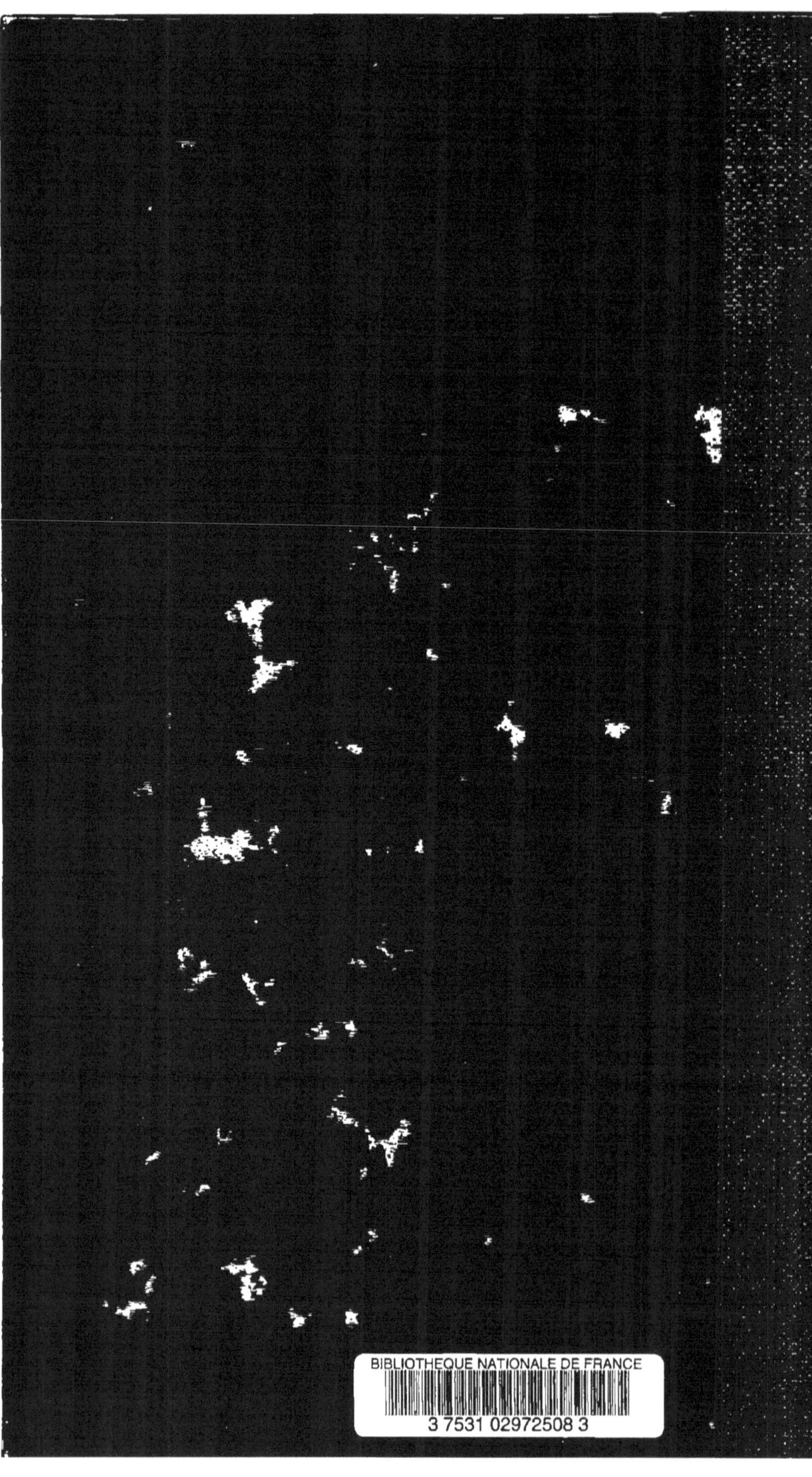

www.ingramcontent.com/pod-product-compliance
Ingram Content Group UK Ltd.
Pitfield, Milton Keynes, MK11 3LW, UK
UKHW020350250726
13967UKWH00005B/2209

9 782012 870819